글쓴이 최은영

고려대학교에서 서양사학과 국문학을 공부했습니다. 창작 모임 '작은 새' 동인이며, 인터넷에 그림책 에세이 '작은 새의 그림책 편지'를 연재하고 있습니다. 쓴 책으로 『한숨 구멍』 『한들한들 바람 친구 부채』 『일곱 개의 방』(공저) 『불어, 오다』 『살아갑니다』가 있고, 『아이비와 신비한 나비의 숲』을 우리말로 옮겼습니다.

그린이 이경국

홍익대학교 미술대학 목공예과를 졸업하고, 같은 학교 대학원에서 사진 디자인을 공부했습니다. 어린이책 작가로 활동하면서 한겨레 그림책 학교에서 학생들을 가르치고 있습니다. 2008년 볼로냐 국제아동도서전에서 '올해의 일러스트레이터'로 선정되었습니다. 그린 책으로 『인류만이 남기는 흔적, 쓰레기』 『미래 세계의 중심, 인공지능』 『달려라, 빠방』 『불어, 오다』 등이 있고, 쓴 책으로 『보통의 그림책 작가로 살아가기』가 있습니다.

나는 그릇이에요

처음 펴낸 날 2019년 1월 14일 | **초판 7쇄 인쇄** 2025년 8월 1일

글쓴이 최은영 | **그린이** 이경국
펴낸이 최금옥 | **편집** 최은영 | **디자인** 오성희

펴낸곳 이론과실천 | **등록** 제10-1291호
주소 서울시 영등포구 양평로21가길 19 512호(우림라이온스밸리 B동)
전화 02-714-9800 | **팩스** 02-702-6655

ISBN 978-89-313-8168-9 73630
값 13,000원

이 도서의 국립중앙도서관 출판예정도서목록(CIP)은 서지정보유통지원시스템 홈페이지(http://seoji.nl.go.kr)와 국가자료공동목록시스템(http://www.nl.go.kr/kolisnet)에서 이용하실 수 있습니다. (CIP제어번호: CIP2018042831)

*본 책은 저작권법에 의해 보호를 받는 저작물이므로 무단 전재와 복제를 금합니다.
*KC마크는 이 제품이 공통안전기준에 적합하였음을 의미합니다.
*잘못된 책은 바꾸어 드립니다.

고래이실은 이론과실천 의 어린이책 브랜드입니다.

나는 그릇이에요

최은영 글 | 이경국 그림

처음에 나는
흙이었어.

나는 차가운 물을 만나서
그 안에서 한참을 기다렸어.

사람들이 발로
나를 꼭꼭 밟았어.

사람들이 손으로
나를 조몰락조몰락 만졌어.

뜨거운 불도 만났어!
활활 타는 불길에 나와 같이 있던 물이
모두 달아나 버렸지.

살랑살랑,
붓 끝이 나를 간지럽히기도 했어.
그랬더니
그랬더니…….

이제 나는 흙이 아니야.
나는 그릇이 되었어.
무엇이든 담을 수 있는 그릇!

오목한 사발 그릇은
흘러가는 물도
찰랑찰랑 담아내지.

둥글넓적한 그릇은
길고 긴 국수 가락도
커다란 빈대떡도
옹기종기 모인 작은 채소들도
모두 담을 수 있어.

숨 쉬는 항아리 그릇은
김치랑 된장이
맛있게 익도록 도와줘.

매일 쓰는 연필도
하늘하늘 여린 꽃도
잃어버리지 않으려면
그릇에 담아야 해.

그렇게
오래오래
함께 지내다 보면

아름다움도
마음속 생각도
널리 알리고 싶은 지식도
무엇이든 다
나에게 담기지.

그리고 가끔은
행복한 기억이
담기기도 해.

나는 그릇이야.
무엇이든 담을 수 있지.
오늘은 무엇을 담게 될까?
어떤 기억을 담게 될까?

흙과 물과 불이 만나면 내가 태어나요!

그릇이 없다면 우리 삶은 어떻게 될까요?

고소한 우유는 어디에 담아 마시나요? 따끈따끈 갓 지은 밥은 어떻게 먹나요? 예쁜 꽃은 어디에 심을까요?

그릇은 두 손에 담기 힘든 것을 대신 담으려고 태어났어요. 뜨거운 것도, 흐르는 물도, 곱디고운 흙도 모두 그릇에 담기지요. 게다가 그릇은 먹고 남은 음식을 깨끗하게 보관하도록 해 주고 요리를 도와주기도 해요. 그릇 덕분에 우리는 더 건강하고 편안하게 살 수 있어요.

그릇은 어떻게 만들어질까요?

그릇은 불과 흙이 부리는 마법으로 태어나요. 흙은 불에 구우면 단단해져서 어떤 모양이든 만들 수 있거든요. 하지만 흙과 물을 섞어 반죽해 굽는다고 다 그릇이 되는 건 아니에요. 게다가 흙과 불은 모두 다루기가 어렵답니다. 흙과 불의 성질을 잘 이용해 과학적으로 기술을 익혀야만 좋은 그릇을 만들 수가 있어요.

그래서 선사 시대부터 사람들은 단단하고 잘 깨지지 않는 그릇을 만들기 위해서 실험을 아주 많이 했어요. 처음에는 구덩이를 파고 미리 그릇 모양으로 빚어 둔 흙 반죽을 그 안에 넣은 다음, 그 위로 땔감을 쌓아 올려 불을 붙였어요. 하지만 이렇게 구워 만든 그릇은 별로 단단하지 못했어요. 특히 물이 닿으면 쉽게 물렁물렁해져서 못 쓰게 되곤 했지요.

"얼마나 오래, 얼마나 뜨거운 불에 구워야 잘 깨지지도 않고 반들반들 윤이 나는 그릇을 만들 수 있을까?"
사람들은 다시 열심히 궁리했어요. 그리고 궁리 끝에 만들어 낸 것이 바로 '가마'예요. 가마는 그릇을 안에 넣고 불에 구울 수 있게 만든 것인데, 아주 커다랗고 지붕도 있어서 많은 그릇을 뜨거운 불에 한번에 구워 낼 수 있었어요.

그릇이 탄생하려면 얼마나 뜨거운 불이 필요할까요?
물이 끓는 온도가 100도예요. 100도로 끓는 물은, 몸에 화상을 입힐 정도로 뜨거워요. 그런데 그릇을 굽는 온도는 무려 1,000도가 넘어요. 어마어마하게 뜨거운 불길 속에서 그릇이 태어나는 거예요.
가마의 지붕은 뜨거운 열기가 밖으로 빠져나가지 않게 막아, 가마 안의 온도는 1,000도가 넘게 올라갈 수 있어요. 이렇게 뜨거운 불에 구워진 그릇은 낮은 온도에서 구워진 그릇보다 훨씬 단단해요.
더 신비로운 것은, 옛사람들은 온도계도, 시계도 없이 그저 감각만으로 그릇을 만드는 모든 기술을 익혔다는 점이에요.

◀ **물레**
국립민속박물관 소장
사람들은 그릇의 모양을 더 동글동글 예쁘게 만들기 위해 물레를 발명했어요. 아래 나무판을 발로 밟으면 위에 있는 나무판이 빙글빙글 돌아가요. 반죽을 위 나무판에 얹고 발로 물레를 돌리면서 손으로 모양을 잡으면, 동그란 그릇 모양이 완성되지요.

나에겐 여러 가지 모습이 있어요!

우리가 살아가는 삶의 모습에 따라 그릇의 모양도 계속 달라졌어요. 옛사람들은 어떤 그릇을 만들어 썼을까요?

신석기 시대의 빗살무늬 토기

신석기 시대의 그릇은 모양이 뾰족하고 빗살무늬가 그려져 있어요. 신석기 시대에는 흙이나 모래 속에 그릇을 박아서 고정했기 때문에 바닥이 평평한 것보다 뾰족한 것이 더욱 편했대요. 빗살무늬는 혹시, 언제나 그릇에 찰랑찰랑 곡식이 가득 차기를 바라는 마음으로 새긴 건 아니었을까요?

고려청자와 조선백자

옛사람들은 그릇에 아름다운 색과 예쁜 그림을 입힌 뒤 정성스레 불에 구워 단단하고 빛나는 자기를 만들었어요. 고려 시대에는 푸른 비색 청자가, 조선 시대에는 하얗고 깨끗한 백자가 유행했지요. 특히 고려청자는 당시의 자기 가운데 가장 아름다운 그릇으로 손꼽혔어요. 비 갠 하늘처럼 맑고 푸른 청자의 색은 많은 사람들의 사랑을 받았지요. 흙과 뜨거운 불이 이토록 아름다운 색을 만들어 내다니 정말 신비롭지 않나요?

◀ 분청사기
국립중앙박물관 소장
고려청자에 흰 흙을 바르고 여러 가지 무늬를 그려 넣어서 만들어 낸 것이 바로 분청사기예요.

◀ 빗살무늬 토기
국립중앙박물관 소장
선사 시대에 만들어진 빗살무늬 토기예요. 이 시대에는 밥그릇처럼 작은 그릇보다는 곡식을 담을 수 있는 커다란 항아리들이 훨씬 더 많이 만들어졌어요.

◀ 고려청자
국립중앙박물관 소장
고려 시대 도공들은 먼저 좋은 흙을 골라 그릇을 빚었어요. 그러고는 가마 안에 1,200도가 넘는 뜨거운 불을 피우고 산소의 양을 조절해서 고려청자를 만들어 냈어요.

◀ 조선백자
국립중앙박물관 소장
백자는 청자에 비해 만드는 방법이 간단해요. 게다가 깨끗하고 고귀한 모습이 마치 청렴결백한 군자를 닮은 듯해 조선 사람들의 사랑을 받았답니다.

나에겐 여러 가지 이름이 있어요!

흙으로 만든 그릇은 '도자기'라는 이름으로도 불려요. 도자기는 '도기'와 '자기'를 함께 이르는 말이지요. 그럼 도기와 자기는 어떻게 다를까요?

도기

도기는 '질그릇'이라고도 불리는, 우리가 흔히 사용하는 그릇이에요. 흙을 반죽해 모양을 내서 말린 다음 불에 구워서 만들어요. 그 위에 잿물을 입혀 다시 굽기도 하는데, 그러면 더욱 단단해지고 윤기도 흐른답니다.

자기

고령토 같은 아주 귀한 흙이나 돌가루가 섞인 흙으로 모양을 빚은 다음, 아주 뜨거운 불에 구워 만든 그릇을 자기라고 해요. 무려 1,300도나 되는 뜨거운 불 속에서 태어나지요. 만들기도 무척 어려워서 잘 만들어진 자기는 예술 작품처럼 귀해요. 그래서 사람들은 자기에 아름다운 그림과 좋은 글귀를 새겨 자신의 마음을 오래오래 전하기도 해요.

매끄러운 자기에 비해 울퉁불퉁한 도기는 조금 못생긴 것처럼 보여요. 하지만 울퉁불퉁한 덕분에 도기는 굉장한 장점을 지니게 되었어요.
도기는 숨 쉬는 그릇이에요. 거칠거칠한 그릇 표면에는 아주 작은 숨 구멍들이 나 있답니다. 그래서 도기에 담긴 음식은 쉽게 상하지 않아요. 커다란 옹기 항아리도 대표적인 도기 중 하나예요.

▲도기
국립중앙박물관 소장
도기는 울퉁불퉁 거칠지만 쓰임새가 많은, 친구 같은 그릇이에요.

▲자기
국립중앙박물관 소장
반들반들 빛나는 자기는 귀하고 아름다워요.

나를 보면 많은 것을 알 수 있어요!

박물관에 가장 많이 전시되어 있는 물건은 무엇일까요? 바로 그릇이에요. 유적지에서 가장 많이 발견되는 물건도 바로 그릇이지요. 왜일까요?

그릇은 단단하고, 흙으로 만들어졌기 때문에 옷이나 종이처럼 불에 타거나 썩지 않거든요. 게다가 사람들이 많이 쓰던 물건이었기 때문에 가짓수도 무척 많았어요. 접시에 음식을 담아 먹고, 항아리에서 물을 따라 마시고, 빗살무늬 토기에 곡식을 따서 담고, 작고 뚜껑이 달린 함에는 중요한 물건을 보관하고……. 그릇이 쓰이지 않는 때가 없었지요.

그래서 우리는 그릇을 통해 옛날 사람들이 어떻게 살았는지 많이 알게 되었어요. 이 그릇에 무엇을 담았을까 상상하면, 옛사람들이 어떤 음식을 먹었는지 떠올릴 수 있고요. 그릇에 그려진 그림이나 글귀를 자세히 살펴보면, 옛사람들이 무엇을 가장 중요하게 생각했는지 상상할 수 있어요. 때로는 그릇에 그려진 그림을 통해 옛사람들이 어떤 옷을 입고 어떤 동물을 좋아했는지도 알아낼 수 있지요.

그릇에는 이렇게 수많은 이야기가 담겨 있어요. 우리가 지금 쓰고 있는 그릇에도 우리의 이야기가 담기겠지요? 내가 좋아하는 만화 캐릭터가 무엇인지, 심지어는 어떤 색깔을 가장 좋아하는지도요!

▶ **백자 청화 용무늬 항아리**
국립중앙박물관 소장

조선 시대에 만들어진 이 항아리에는 커다란 용이 그려져 있어요. 용은 왕권을 상징하는 동물이에요. 이 용무늬 항아리는 아마도 궁중에서 벌이는 의례나 연회 때 사용되었을 거예요.

▲ **백자 청화 장생무늬 발**
국립중앙박물관 소장

조선 시대에 쓰였던 그릇이에요. '발'은 주로 밥을 담을 때 쓰는 그릇의 다른 이름이에요. 흰 밥그릇에 푸른색으로 십장생 무늬를 새겨 오래오래 살고 싶은 마음을 담았지요.

▲ **백자 청화 팔길상무늬 편병**
국립중앙박물관 소장

중국 청나라 시대의 자기 병이에요. '편병'은 납작하고 둥근 병을 뜻하는 말이랍니다. 주로 물이나 술을 담는 데 쓰였어요. 푸른색으로 새겨진 무늬는 행복과 장수를 기원하는 의미가 담긴 길상무늬랍니다.

◀ **시가 새겨진 청자 연꽃 넝쿨무늬 조롱박 모양 병**
국립중앙박물관 소장

細鏤金花碧玉壺
푸르고 아름다운 술병에 금꽃을 아로새겨

豪家應是喜提壺
호사로운 집안에서 이 술병을 사랑하리

고려 시대에 만들어진 이 병에는 이런 시가 새겨져 있어요. 누군가에게는 정말 멋진 선물이 되었겠지요? 물을 떠 마시거나 저장하는 데 쓰였던 조롱박처럼, 이 병도 물이나 술을 담는 데 쓰였을 거예요.